Inglés sinBarreras®

El Video-Maestro de Inglés Conversacional

8 La salud

Manual

Para información sobre
Inglés sin Barreras
en oferta especial de
Referido Preferido
1-800-305-6472
Dé el Código 03429

ISBN: 1-59172-300-0
ISBN: 978-1-59172-300-4

I705VM08

Dedicatoria

Dedicamos este curso a todos los hispanos que tomaron la iniciativa de traer el idioma inglés a sus vidas para expandir sus horizontes. Los sueños pueden convertirse en realidad. Con gran respeto y afecto,

Sus amigos de Inglés sin Barreras

Metodología	Center for Applied Linguistics
Texto	Karen Peratt, Cristina Ribeiro
	Center for Applied Linguistics
	International Media Access Inc.
Ilustraciones	Gabriela Cabrera, Linda Beckerman
Diseño gráfico	Magnus Ekelund, Efrain Barrera, bluefisch design
Guión adaptado - inglés	Karen Peratt
Guión adaptado - español	Cristina Ribeiro
Edición	Betsabé Mazzolotti, Horacio Gosparini, Yuri Murúa, Damián Quevedo, Mike Ramirez
Aprendamos viajando	Marcos Said, Pablo Moreno, Alfredo León
Aprendamos conversando	Howard Beckerman
	Producción: Heartworks International, Inc.
Música	Erich Bulling
Fotografía	Alejandro Toro, Alfredo León
Producción en línea	Miguel Rueda
Dirección - video	Loretta G. Seyer, Patricio Stark
Coordinación de proyecto	Juliet Flores, Cristina Ribeiro
Dirección de proyecto	Karen Peratt, Arleen Nakama
Directora ejecutiva	Valeria Rico
Productor ejecutivo y director creativo	José Luis Nazar

La salud

Índice

Notas

Lección

1

Le recomendamos que lea las palabras del vocabulario antes de ver el video correspondiente a esta lección. Éstas son las palabras más importantes de esta lección.

health	*salud*
body	*cuerpo*
head	*cabeza*
ear	*oído*
nose	*nariz*
neck	*cuello*
shoulder	*hombro*
arm	*brazo*
back	*espalda*
chest	*pecho*
hand	*mano*
leg	*pierna*
knee	*rodilla*
foot	*pie*
stomach	*estómago*
throat	*garganta*
heart	*corazón*
bone	*hueso*
blood	*sangre*
doctor	*médico, doctor(a)*
office	*oficina*
patient	*paciente*
sick	*enfermo(a)*

ill	*enfermo(a)*
(to) hurt	*doler*
ache	*dolor*
pain	*dolor, molestia*
sore	*dolorido(a)*
sharp pain	*dolor agudo*
stomachache	*dolor de estómago*
headache	*dolor de cabeza*
earache	*dolor de oído*
backache	*dolor de espalda*
toothache	*dolor de muelas*

Más vocabulario

condition	*estado físico, enfermedad*
emotion	*emoción*
outside	*fuera, afuera*

inside	*dentro, adentro*

Elementos esenciales

Esta sección destaca los elementos esenciales de esta lección. Lea detenidamente lo que incluimos en ella.

What's the matter?	*¿Qué sucede?*
What's the problem?	*¿Cuál es el problema?*
What's wrong?	*¿Qué pasa?*
My back hurts.	*Me duele la espalda.*
I have a pain in my back.	*Tengo dolor de espalda.*
I have a backache.	*Tengo dolor de espalda.*

Aprenda y practique

Le recomendamos que aprenda las expresiones y oraciones que se incluyen en esta lección. Practique lo aprendido cada día.

ache	pain	sharp pain
dolor	*dolor*	*dolor agudo*
I have a backache.	My back hurts.	I have a pain in my back.
Tengo dolor de espalda.	*Me duele la espalda.*	*Me duele la espalda.*
I have an earache.	My ear hurts.	I have a pain in my ear.
Tengo dolor de oídos.	*Me duele el oído.*	*Me duele el oído.*
I have a stomachache.	My stomach hurts.	I have a pain in my stomach.
Tengo dolor de estómago.	*Me duele el estómago.*	*Me duele el estómago.*
I have a headache.	My head hurts.	
Tengo dolor de cabeza.	*Me duele la cabeza.*	
	My throat hurts.	I have a pain in my throat.
	Me duele la garganta.	*Me duele la garganta.*
	My knee hurts.	I have a pain in my knee.
	Me duele la rodilla.	*Me duele la rodilla.*
I have a sore throat.	My throat is sore.	
Tengo dolor de garganta.	*Me duele la garganta.*	

I have a sore ankle.
Tengo un tobillo dolorido.

My ankle is sore.
Me duele el tobillo.

She has an earache.
Ella tiene dolor de oídos.

She has an ache in her ear.
Le duele el oído.

Her ear aches.
Le duele el oído.

He has a backache.
Él tiene dolor de espalda.

He has an ache in his back.
Le duele la espalda.

His back aches.
Le duele la espalda.

a real headache

"Él es un verdadero dolor de cabeza" se usa para referirse a personas que causan muchos problemas.

— Ken crashed my car yesterday.
— I know. He is a real headache.

— *Ken chocó mi auto ayer.*
— *Ya lo sé. Él es un verdadero dolor de cabeza.*

A p u n t e s

"How do you feel?"   ¿Cómo se siente usted?

How do you feel? puede usarse para preguntar por las emociones, el estado físico o la salud de una persona.

Emoción:	How do you feel?	I'm very sad.
	¿Cómo te sientes?	*Estoy muy triste.*
Estado físico:	How do you feel?	I'm very tired.
	¿Cómo te sientes?	*Estoy muy cansado.*
Salud:	How do you feel?	I have a headache.
	¿Cómo te sientes?	*Tengo dolor de cabeza.*

Si la persona que pregunta sospecha que algo va mal, puede hacer las siguientes preguntas. Estas preguntas son más informales que **How do you feel?**

What's wrong?	*¿Qué pasa?*
What's the problem?	*¿Cuál es el problema?*
What's the matter?	*¿Qué sucede?*
Are you OK?	*¿Estás bien?*

Cómo contestar a la pregunta "How do you feel?"

El significado de la pregunta **How do you feel?** (¿Cómo se siente usted?) es muy parecido al de **How are you?** (¿Cómo está usted?). En ciertos casos, al preguntar **How do you feel?** se pide una respuesta detallada y específica. En otros, sólo se pide una respuesta general e indefinida.

¿Cómo saber cuál es la respuesta apropiada? Piense en el contexto de la conversación. Si la persona que le hace esta pregunta es un amigo cercano o un médico, dé una respuesta específica.

How do you feel?
¿Cómo se siente usted?

I feel terrible, doctor. I have a headache and my throat hurts.
Me siento muy mal, doctor. Tengo dolor de cabeza y me duele la garganta.

How do you feel today?
¿Cómo te sientes hoy?

My back feels better, thanks.
Estoy mejor de la espalda, gracias.

Si la persona que le hace esa pregunta es un simple conocido, dé una respuesta breve y general.

How do you feel?
¿Cómo se siente usted?

Good. How about you?
Bien. ¿Y usted?

La cabeza

head	*cabeza*
face	*cara*
eyes	*ojos*
eyebrow	*ceja*
nose	*nariz*
mouth	*boca*

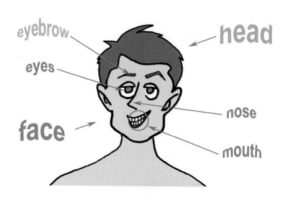

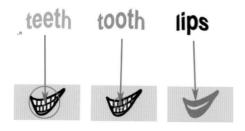

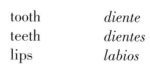

tooth	*diente*
teeth	*dientes*
lips	*labios*

Hablar de las partes del cuerpo

Use adjetivos posesivos para hablar de las partes del cuerpo.

> My arm hurts.
> *Me duele el brazo.*

> She has a pain in her chest.
> *A ella le duele el pecho.*

> His shoulder aches.
> *Le duele el hombro.*

Describir dolores y molestias

Hay varias formas de decir que uno no se encuentra bien.

> I'm sick.   I feel sick.
> *Estoy enfermo. Me siento mal.*
> I'm ill.   I feel ill.
> *Estoy enfermo. Me siento mal.*

Las oraciones anteriores se refieren a una enfermedad indeterminada.
Las oraciones siguientes describen dolores y molestias específicos.

> I have a pain in my foot.
> *Me duele el pie.*

> Do you have a pain in your chest?
> *¿Le duele el pecho?*

 adjetivos posesivos, pg. 29

My knee hurts.
Me duele la rodilla.

Does your back hurt?
¿Le duele la espalda?

His shoulder is sore.
Su hombro está dolorido.

Is his neck sore, too?
¿También tiene el cuello dolorido?

Recuerde que **ache** es un verbo y un sustantivo.

Ache   My head aches.
(verbo)   *Me duele la cabeza.*

                  Do your arms ache?
                  ¿Te duelen los brazos?

Ache   I have a terrible ache in my foot.
(sustantivo) *Tengo un dolor horrible en el pie.*

                  Do you have an ache in your back, too?
                  ¿También tienes dolor de espalda?

Ache se puede asociar también con una parte determinada del cuerpo para describir una dolencia física.

> Do you have an earache?
> *¿Tiene usted dolor de oídos?*

> I have a terrible headache.
> *Tengo un dolor de cabeza espantoso.*

> How long has she had a stomachache?
> *¿Hace cuánto tiempo que tiene dolor de estómago?*

> Ouch! I have a bad toothache.
> *¡Ay! Tengo un fuerte dolor de muelas.*

¿Cómo está su salud? Con un amigo/a tomen turnos haciendo el papel de doctor y paciente. Hablen de cualquier problema médico que los tenga preocupados, o simplemente inventen uno. Hablen acerca de su historial médico y usen el diccionario para buscar el significado de la terminología médica que no entiendan.

Cuándo usar "ache" y cuándo usar "pain"

Aun cuando se utilicen para describir una molestia general, las palabras **ache** y **pain** tienen significados levemente diferentes. La palabra **ache** se usa para describir un dolor constante. La palabra **pain** describe un dolor que viene y se va más rápidamente. Un dolor fuerte que viene de repente es un dolor agudo (**sharp pain**).

Sore indica generalmente un dolor constante, muy molesto y que dura mucho tiempo, como un dolor de garganta.

Éste es el texto completo del diálogo incluido en el video. Usted hará el papel del espectador **(viewer)**. Si le hacen una pregunta personal, conteste usando información personal. Tenga en cuenta que las respuestas del espectador que le proporcionamos no son las únicas respuestas correctas.

El accidente

Bill	Tom, what happened?
	Tom, ¿qué pasó?

Tom	I… fell.
	Me… caí.

Bill	What hurts?
	¿Qué te duele?

Tom	My leg.
	La pierna.

Bill	Where? Does it hurt here? Does your foot hurt?
	¿Dónde? ¿Te duele aquí? ¿Te duele el pie?

Tom	No.
	No.

Bill	Do you have any pain here? Does your ankle hurt?
	¿Te duele aquí? ¿Te duele el tobillo?

Tom	No.
	No.

| Bill | Does it hurt here? |
| | *¿Te duele aquí?* |

| Tom | Ouch! Yes! |
| | *¡Ay! ¡Sí!* |

| Bill | Your knee hurts? |
| | *¿Te duele la rodilla?* |

| Tom | Yes, it hurts a lot. |
| | *Sí, me duele mucho.* |

| Bill | Do both knees hurt? |
| | *¿Te duelen las dos rodillas?* |

| Tom | No, only this one. |
| | *No, sólo ésta.* |

| Bill | Can you walk? |
| | *¿Puedes caminar?* |

| Tom | I don't know. |
| | *No sé.* |

Bill	I think you should go to the doctor.
	Can you help us?
	Creo que deberías ir al doctor.
	¿Puede usted ayudarnos?

Viewer	Yes, of course.
(Usted)	*Sí, por supuesto.*
Bill	We'll take you.
	Nosotros te llevaremos.
Tom	Thanks. Thanks.
	Gracias. Gracias.

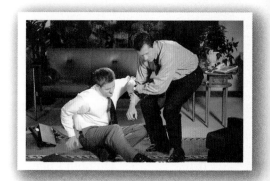

....

(to) pull someone's leg

Equivale a "tomarle el pelo a alguien".

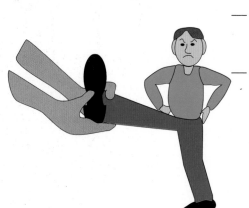

— My son said he was dropping out of college, but he was only pulling my leg.

— *Mi hijo dijo que iba a dejar sus estudios universitarios, pero sólo me estaba tomando el pelo.*

Lección

2

Le recomendamos que lea las palabras del vocabulario antes de ver el video correspondiente a esta lección. Éstas son las palabras más importantes de esta lección.

symptom	*síntoma*
advice	*consejo*
(to) advise	*aconsejar*
pharmacist	*farmacéutico*
pharmacy	*farmacia*
drug store	*farmacia*
advice nurse	*enfermera consejera*
appointment	*cita*
well	*bien*
should	*debería*
(to) rest	*descansar*
(to) stay home	*quedarse en casa*
cough	*tos*
(to) cough	*toser*
sneeze	*estornudo*
(to) sneeze	*estornudar*
(to) make an appointment	*concertar una cita*
(to) take a temperature	*tomar la temperatura*

runny nose	*mocos*
sore throat	*dolor de garganta*
fever	*fiebre*
temperature	*temperatura*
thermometer	*termómetro*
cold	*resfriado, catarro*
flu	*gripe*

Más vocabulario

Celsius	*centígrados*
Farenheit	*Farenheit*
normal	*normal*
whole	*todo, total*
fluids	*líquido*
soup	*sopa*
aspirin	*aspirina*
wrist	*muñeca*
ankle	*tobillo*
finger	*dedo*
toe	*dedo del pie*

(to) breathe	*respirar*
breath	*respiración*
shortness of breath	*falta de respiración, dificultad respiratoria*
congestion	*congestión*
dizziness	*mareo*
stiffness	*agarrotamiento, rigidez*
numbness	*entumecimiento*
chills	*escalofríos*

Elementos esenciales

Esta sección destaca los elementos esenciales de esta lección. Lea detenidamente lo que incluimos en ella.

Do you have a fever?
¿Tiene usted fiebre?

Do you have a temperature?
¿Tiene usted temperatura?

What is your temperature?
¿Cuál es su temperatura?

23

Aprenda y practique

Le recomendamos que aprenda las expresiones y oraciones que se incluyen en esta lección. Practique lo aprendido cada día.

I have a fever.	*Tengo fiebre.*
I have a temperature.	*Tengo temperatura.*
I have a runny nose.	*Tengo mocos.*
My nose is running.	*Me moquea la nariz.*
I have a cough.	*Tengo tos.*
I am coughing.	*Estoy tosiendo.*
I am sneezing.	*Estoy estornudando.*
stiffness	*rigidez*
stiff	*rígido(a)*
numbness	*entumecimiento*
numb	*entumecido(a)*
congestion	*congestión*
congested	*congestionado(a)*
dizziness	*mareo*
dizzy	*mareado(a)*
chills	*escalofríos*
shortness of breath	*dificultad respiratoria*

Apuntes

Síntomas

Las palabras siguientes también describen síntomas de enfermedad.

coughing	*tosiendo*
sneezing	*estornudando*
runny nose	*mocos*
fever	*fiebre*

La mayoría de estos síntomas describen un resfriado o una gripe, dos enfermedades muy comunes y difíciles de tratar. Ahora veamos otros síntomas de los que usted tendría que informar a su enfermera o a su doctor.

Congestion

I have a lot of congestion in my chest.
Tengo el pecho muy congestionado.

My chest is very congested.
Mi pecho está muy congestionado.

Congestión

Numbness

I have a numbness in my left arm.
Tengo el brazo izquierdo entumecido.

My left arm is numb.
Mi brazo izquierdo está entumecido.

Entumecimiento

Stiffness	I have some stiffness in my back.
	Tengo la espalda algo rígida.
	My back is stiff.
Rigidez	*Mi espalda está rígida.*
Dizziness	I don't have any dizziness.
	No tengo mareos.
	I'm not dizzy.
Mareo	*No estoy mareado.*
Chills	Do you have any chills?
Escalofríos	*¿Tiene usted escalofríos?*

Shortness of breath
Dificultad respiratoria

I have some shortness of breath.
Tengo cierta dificultad para respirar.

Temperatura

La temperatura normal del cuerpo es de aproximadamente 98.6° Fahrenheit o 37 grados centígrados. Se usa un termómetro para medir la temperatura. Se llama **high temperature** (temperatura alta) a la temperatura que supera los 98.6° Fahrenheit. Si la temperatura de una persona sube por encima de 101°F, es preferible informar a un médico o a una enfermera.

Para hablar de temperatura alta, use alguna de las oraciones siguientes.

I have a temperature.	*Tengo temperatura.*
I have a fever.	*Tengo fiebre.*
My temperature is high.	*Mi temperatura es alta.*

Éstas son preguntas y respuestas relacionadas con la temperatura.

| Do you have a temperature? | *¿Tiene usted temperatura?* |
| Yes, I have a temperature. | *Sí, tengo temperatura.* |

| Do you have a fever? | *¿Tiene usted fiebre?* |
| Yes, I have a fever. | *Sí, tengo fiebre.* |

| What is your temperature? | *¿Cuál es su temperatura?* |
| It's 101.5°F. | *Es de 101.5 grados Farenheit.* |

Usar "should" para dar consejos

El verbo auxiliar **should** se usa para dar consejos o para hablar de lo que se debe hacer. **Should** puede indicar el presente o el futuro.

| You don't feel well. | You should go home and rest. |
| *Usted no se siente bien.* | *Debería ir a casa y descansar.* |

You should take some aspirin when you get home.
Deberías tomarte unas aspirinas cuando llegues a casa.

You should go to the doctor tomorrow.
Usted debería ir mañana al doctor.

auxiliar **should**, pg. 58

Las oraciones afirmativas se forman colocando **should** delante de la forma del verbo principal.

I should study for the test.
Debería estudiar para el examen.

We should go home. It's starting to snow.
Deberíamos irnos a casa. Está empezando a nevar.

Las oraciones negativas se forman colocando **should not**, o la contracción, **shouldn't**, delante del verbo principal.

You should not eat candy every day.
Usted no debería comer golosinas todos los días.

We shouldn't be late for class.
No deberíamos llegar tarde a clase.

Para hacer preguntas, coloque **should** al principio de la pregunta.

Should we call first?
¿Deberíamos llamar primero?

Should I leave at 7:30 or 8:00?
¿Debería irme a las siete y media o a las ocho?

Practique el uso del verbo auxiliar **should** la próxima vez que usted quiera darle un consejo a alguien. Ejemplo: **You should start getting ready for the party.** (Deberías comenzar a prepararte para la fiesta.) **You look very pale. You should go see the doctor.** (Te ves muy pálido. Deberías ver un doctor.)

Estornudar

¿Sabe usted qué se dice en inglés cuando alguien estornuda? Se pueden emplear dos expresiones. La primera es de origen alemán, **Gesundheit,** que significa "salud". La segunda y más común es **Bless you**. Si alguien le dice **Gesundheit** o **Bless you,** es aconsejable dar las gracias.

Dar y aceptar consejos

En inglés, decimos **we give advice** cuando damos un consejo y **we take advice** cuando aceptamos un consejo. Estas tres oraciones significan básicamente lo mismo.

> You should go home and rest.
> *Usted debería irse a casa y descansar.*

> Take my advice. Go home and rest.
> *Acepte mi consejo. Váyase a casa y descanse.*

> Let me give you some advice. Go home and rest.
> *Déjeme darle un consejo. Váyase a casa y descanse.*

Y la respuesta sería:

> OK. I'll take your advice. I'll go home and rest.
> *Muy bien. Aceptaré su consejo. Me iré a casa y descansaré.*

 Recuerde: la palabra **advice** sólo se utiliza en singular.

> Take my advice. Go home, take two aspirin, and get some rest.
> *Acepte mi consejo. Váyase a casa, tome dos aspirinas y descanse un poco.*

Diálogo

Éste es el texto completo del diálogo incluido en el video. Usted hará el papel del espectador **(viewer)**. Si le hacen una pregunta personal, conteste usando información personal. Tenga en cuenta que las respuestas del espectador que le proporcionamos no son las únicas respuestas correctas.

¿Cómo te sientes?

| Leslie | I don't feel well. |
| | *No me siento bien.* |

| **Viewer** | What's wrong? |
| *(Usted)* | *¿Qué le pasa?* |

Ann	Leslie, are you okay?
	You look like you don't feel well.
	Leslie, ¿estás bien?
	Parece que no te sientes bien.

| Leslie | I think that I have a cold. |
| | *Creo que estoy resfriada.* |

| **Viewer** | That's too bad. |
| *(Usted)* | *Qué mal.* |

| Ann | A cold? Really? |
| | *¿Un resfriado? ¿De verdad?* |

| Leslie | Yes. My nose is running, and I'm sneezing a lot. |
| | *Sí. Tengo mocos y estoy estornudando mucho.* |

Ann	Are you coughing, too? *¿También estás tosiendo?*
Leslie	Yes, a little. *Sí, un poco.*
Ann	Does your throat hurt? *¿Te duele la garganta?*
Leslie	No, not really. *No, lo cierto es que no me duele.*
Ann	Do you have a fever? *¿Tienes fiebre?*
Leslie	I'm not sure. I didn't take my temperature. I am a little hot. And I have a headache. *No estoy segura. No me tomé la temperatura.* *Estoy un poco caliente y me duele la cabeza.*
Ann	That doesn't sound good. *Eso no es buena señal.*
Leslie	I know. What should I do? *Ya lo sé. ¿Qué debo hacer?*
Ann	Well, you should stay home and rest. You should drink a lot of fluids. *Bueno, deberías quedarte en casa y descansar.* *Deberías tomar mucho líquido.*

Leslie	I think you're right. Should I go to the doctor?
	Creo que tienes razón. ¿Debería ir al médico?
Ann	Maybe you should make an appointment.
	Tal vez deberías concertar una cita.
Leslie	I'm going to take my temperature and then call.
	Me voy a tomar la temperatura y llamaré después.
Ann	That's a good idea.
	Eso es una buena idea.

a health nut

Se refiere a personas dedicadas a mantenerse en forma.

— Janet is a vegetarian and she is always at the gym.
— Yeah, she's a health nut.

— *Janet es vegetariana y siempre está en el gimnasio.*
— *Sí, ella siempre trata de mantenerse en forma.*

Lección

P

Le recomendamos que lea las palabras del vocabulario antes de ver el video correspondiente a esta lección. Éstas son las palabras más importantes de esta lección.

box	*caja*
bunch	*ramo, manojo*
bush	*arbusto*
case	*caso*
gaze	*mirada fija*

Apuntes

En inglés, al colocar una **s** al final de un nombre, indicamos que hay más de una persona o cosa, es decir, indicamos el plural. La pronunciación de la **s** final es importante, ya que en inglés, la palabra **the** no nos indica la cantidad de personas o cosas.

the dog	*el perro*
the dogs	*los perros*

La **s** es también un indicador importante en los verbos. Muestra que una sola persona o cosa está realizando la acción: **he runs**; **she runs**; **it runs**.

En ciertos casos, la **s** final es difícil de pronunciar, sobre todo cuando está seguida de otra consonante, como en las palabras **tasks** o **baths**.

Si las palabras terminan en **s**, **ss**, **ch**, **sh** y **x**, hay que añadir **es** al final. Y al hacerlo, la palabra tiene una sílaba más.

bus	buses	*autobús*	*autobuses*
kiss	kisses	*beso*	*besos*
bunch	bunches	*racimo*	*racimos*
brush	brushes	*cepillo*	*cepillos*
box	boxes	*caja*	*cajas*

Las palabras que terminan en **ge**, **se**, y **ze** también tienen una sílaba más cuando se les agrega una **s**.

garage	garages	*garaje*	*garajes*
case	cases	*caso*	*casos*
gaze	gazes	*mirada*	*miradas*

Recuerde: la **ch** de stomach se pronuncia como la letra **k**, no como la **ch**. Por lo tanto, sólamente se agrega una **s** para hacer el plural: stomachs.

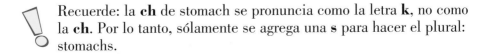

plural de los nombres, pg. 13

Lección

3

Le recomendamos que lea las palabras del vocabulario antes de ver el video correspondiente a esta lección. Éstas son las palabras más importantes de esta lección.

answering machine	*contestador automático*
message	*mensaje*
recorded message	*mensaje grabado*
(to) leave a message	*dejar un mensaje*
key	*tecla*
key pad	*teclado (del teléfono)*
pound key	*tecla con el símbolo de número*
star key	*tecla con el símbolo de estrella*
tone	*sonido*
operator	*telefonista, operadora*
receptionist	*recepcionista*
clinic	*clínica*
medical center	*centro médico*
medical insurance	*seguro médico*
medical insurance identification number	*número de identificación del seguro médico*
(to) press	*pulsar, apretar*
(to) reach (by telephone)	*ponerse en contacto con (por teléfono)*
ago	*hace*
available	*disponible*

39

Más vocabulario

(to) be located at	*la dirección es*
response	*respuesta*
symbol	*símbolo*
(to) set	*fijar, concertar*
honest	*honrado(a), sincero(a)*
voice mail	*sistema de mensajería*
examination	*examen*
test	*test, prueba, análisis*
blood test	*análisis de sangre*
X-ray	*radiografía*

Elementos esenciales

Esta sección destaca los elementos esenciales de esta lección.
Lea detenidamente lo que incluimos en ella.

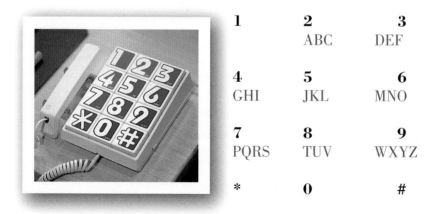

1	**2** ABC	**3** DEF
4 GHI	**5** JKL	**6** MNO
7 PQRS	**8** TUV	**9** WXYZ
*	**0**	#

Aprenda y practique

Le recomendamos que aprenda las expresiones y oraciones que se incluyen en esta lección. Practique lo aprendido cada día.

How long have you had a sore throat?
¿Hace cuánto tiempo que tiene dolor de garganta?

a fever?
fiebre?

a pain in your back?
dolor de espalda

a toothache?
dolor de muelas?

For three days.   *Hace tres días.*
It started three days ago.   *Empezó hace tres días.*
Since Monday.   *Desde el lunes.*

I'd like to make an appointment.
Me gustaría concertar una cita.

Let's set a time for an appointment.
Fijemos una hora para una cita.

Are you available on Monday at 3:00?
¿Está usted disponible el lunes a las tres?

3 Clase

Converse con un amigo o amiga y cuéntele como se siente hoy. Dígale qué condición usted tiene en ese momento usando las frases: **I have**…(más un nombre) o **I feel**… (más un adjetivo). Ejemplo: **I have a headache.** (Tengo dolor de cabeza.) **I feel tired**. (Me siento cansado/a). Aproveche también de preguntar cómo se siente él o ella.

A p u n t e s

Atención médica

Es importante recibir una buena asistencia médica. Las siguientes palabras le serán muy útiles cuando necesite asistencia médica.

People	**Personas**
doctor	*médico, doctor(a)*
nurse	*enfermera(o)*
advice nurse	*enfermera(o) consejera(o)*
receptionist	*recepcionista*
patient	*paciente*

Places	**Lugares**
hospital	*hospital*
medical center	*centro médico*
clinic	*clínica*

Services	**Servicios**
examination	*examen*
test	*análisis / prueba*
blood test	*análisis de sangre*
X-ray	*radiografía*

La consulta del doctor o la clínica le dará hora para una cita. La mayoría de las consultas médicas o clínicas no le atenderán si usted no tiene el número de identificación de su seguro médico, así que no se olvide de llevarlo. Describa sus síntomas con claridad y prepárese para escuchar los consejos que le den. El doctor le hará un examen que, dependiendo de sus síntomas, será más o menos completo. El doctor también puede pedir que le hagan pruebas tales como análisis de sangre o radiografías.

La pregunta que se usa con frecuencia en estos casos es la que comienza con
How long have you...?
Al hacer esa pregunta, el doctor quiere saber desde cuando usted tiene ciertos síntomas.

> How long have you had a sore throat?
> *¿Hace cuánto tiempo que tiene dolor de garganta?*

> For three days.   *Desde hace tres días.*
> It started three days ago.   *Empezó hace tres días.*
> Since Monday.   *Desde el lunes.*

Citas

Se llama a la consulta de un médico para concertar una cita.

> I'd like to make an appointment.
> *Me gustaría concertar una cita.*

La enfermera o la recepcionista le sugerirá una hora.

Let's set a time for your appointment.
Fijemos una hora para su cita.
Are you available at 2:00 on Thursday?
¿Está usted disponible el jueves a las dos?

Antes de colgar el teléfono, asegúrese de confirmar el día y la hora de la cita.

Thank you. 2:00 on Thursday will be fine.
Gracias. El jueves a las dos está bien.

No cuelgue, por favor

Hay varias formas de pedirle a alguien que no cuelgue el teléfono.

Please stay on the line.	*Por favor permanezca en línea.*
Please hold.	*Espere, por favor.*
Can you stay on the line?	*¿Puede usted permanecer en línea?*
Can you hold?	*¿Puede usted esperar?*

Contestadores automáticos y mensajes grabados

"Por favor, deje un mensaje después de la señal" es una frase que se oye casi todos los días.

Hoy en día, casi todas las personas tienen un contestador que graba los mensajes. La grabación pide a la persona que llama que deje un mensaje. Lo normal en estos casos es dejar su nombre, número de teléfono y una breve explicación del motivo de la llamada. A veces, se pide a la persona que llama que indique la hora de la llamada o que sugiera una hora para que le devuelvan la llamada.

Hoy en día, las compañías utilizan contestadores y sistemas de mensajería automáticos, no sólo para recibir llamadas fuera del horario de oficina, sino también como primer contacto con las personas que llaman. La voz grabada ofrece varias opciones: la persona que llama puede elegir ponerse en contacto con una persona o departamento en particular. Si bien cada mensaje es único, hay algunas instrucciones y algunas teclas del teclado del teléfono que se usan con regularidad.

Press 1 to hear this message in English.
Pulse el 1 para oír este mensaje en inglés.

Press 2 to hear this message in Spanish.
Pulse el 2 para oír este mensaje en español.

Press the pound key to hear this message again.
Pulse la tecla con el símbolo de número si desea oír este mensaje de nuevo.

Press the star key to talk to a receptionist.
Pulse la tecla con el símbolo de estrella si desea hablar con la recepcionista.

Press 0, or stay on the line, to talk to an operator.
Pulse el 0, o permanezca en línea si desea hablar con una telefonista.

3 Clase

Números de teléfono

La mayoría de los números de teléfono tienen siete números, sin contar el prefijo o código. Cuando se marca un número con el código o prefijo, hay que marcar primero el número 1. Algunas compañías usan letras en vez de números para hacer publicidad o para que sus números de teléfono sean más fáciles de recordar. Para averiguar el número de teléfono, haga coincidir cada letra con el número correspondiente en el teclado del teléfono.

1-800-555-BOOK	1-800-555-2665
405-CAR-TIRE	405-227-8473

Cómo escuchar con un propósito determinado

Hay dos estrategias importantes que le ayudarán a escuchar mejor:

1) Escuchar con un propósito determinado

Para escuchar con un propósito determinado, piense primero en lo que quiere saber. Por ejemplo, en esta lección, el maestro usó preguntas para ayudar a los alumnos a pensar en la información que iban a escuchar en el mensaje grabado de la clínica. A los estudiantes les resultó más fácil buscar información específica que preocuparse por entender todo lo que decía el mensaje.

2) Predecir o adivinar lo que va a oír

Use todo lo que ya sabe sobre una situación o tema y trate de adivinar lo que va a oír. Por ejemplo, en esta lección, los alumnos sabían que iban a escuchar una conversación entre el paciente y la recepcionista de la clínica. Al basarse en sus propias experiencias en situaciones similares, pensaron en las palabras y oraciones que podrían surgir en esa conversación. Pensar en ello de antemano le prepara para el mensaje o la conversación, y le hace más fácil adivinar el significado de las cosas que no entendió.

Estas dos estrategias le ayudarán a escuchar mejor. ¡Las mismas estrategias pueden ayudarle a leer en inglés!

(to) have skeletons in the closet

Su traducción literal es "tener esqueletos en el armario" y se usa para indicar que alguien esconde secretos embarazosos.

— Tom Keene is a good leader. Why doesn't he want to run for president?
— He must have some skeletons in his closet.

— *Tom Keene es un buen líder. ¿Por qué no presenta su candidatura a la presidencia?*
— *Tiene que tener algún secreto embarazoso.*

Éste es el texto completo del diálogo incluido en el video. Usted hará el papel del espectador (**viewer**). Si le hacen una pregunta personal, conteste usando información personal. Tenga en cuenta que las respuestas del espectador que le proporcionamos no son las únicas respuestas correctas.

Concertar una cita con el médico

Voice   Hello. This is Dr. Allen's office.
Hola. Ésta es la oficina del doctor Allen.

Leslie   Hello. I think I need to make an appointment with Dr. Allen.
Hola. Creo que necesito concertar una cita con el doctor Allen.

Voice   What's wrong?
¿Qué le pasa?

Leslie   Well, I have a sore throat and a fever.
Bueno, tengo dolor de garganta y fiebre.

Voice   What is your temperature?
¿Cuál es su temperatura?

Leslie   It's 101°.
Es de 101 grados.

Voice	Yes, that is above normal. Do you have any other symptoms? *Sí, está por encima de lo normal. ¿Tiene usted algún otro síntoma?*
Leslie	I'm coughing. I can't sleep at night. *Estoy tosiendo. No puedo dormir de noche.*
Voice	How long have you had these symptoms? *¿Hace cuánto tiempo que tiene usted estos síntomas?*
Leslie	They started four days ago. They are worse today. *Comenzaron hace cuatro días. Han empeorado hoy.*
Voice	Well, I think you need to see the doctor. We have an appointment open at 1:00. Can you come at 1:00? *Bueno, creo que necesita ver al médico. Puedo darle cita a la una. ¿Puede venir a la una?*
Leslie	No, I can't. I can't get there by one. *No. No puedo estar allí a la una.*
Voice	We have evening hours tonight. Can you come at 6:30? *Hoy tenemos horario nocturno. ¿Puede usted venir a las seis treinta?*
Leslie	Did you say 6:13 or 6:30? *¿Dijo usted las seis trece o las seis treinta?*
Voice	6:30. Three zero. *Seis treinta. Tres cero.*

Leslie	Oh, yes, 6:30 is fine.
	Oh, sí, a las seis y media está bien.
Voice	Good. We'll see you then.
	Bien. La veremos entonces.
Leslie	Thanks. Bye. Can you go with me?
	Gracias. Adiós. ¿Puede usted venir conmigo?
Viewer	Yes, I can.
(Usted)	*Sí.*
Leslie	What time should we leave?
	¿A qué hora deberíamos salir?
Viewer	At 6:15, I think.
(Usted)	*Creo que a las seis y cuarto.*

Lección

4

Le recomendamos que lea las palabras del vocabulario antes de ver el video correspondiente a esta lección. Éstas son las palabras más importantes de esta lección.

(to) prescribe	*recetar*
prescription	*receta médica*
prescription drugs	*medicinas con receta médica*
Rx	*símbolo de receta médica*
over-the-counter drugs	*medicinas sin receta médica*
refill	*relleno*
(to) refill	*rellenar*
pill	*pastilla, píldora*
tablet	*pastilla, comprimido*
capsule	*cápsula*
dosage	*dosis recetada*
dose	*dosis tomada*
exactly	*exactamente*
measurement	*medida*
teaspoon	*cucharadita, cucharada de té*
tablespoon	*cucharada grande, sopera*
label	*etiqueta*
bottle	*botella*

Más vocabulario

(to) cause	*causar*
(to) treat	*tratar*
empty	*vacío(a)*
full	*lleno(a)*
possible	*posible*
impossible	*imposible*
recommended	*recomendado(a)*
liquid	*líquido*
powder	*polvo*
antibiotic	*antibiótico*
sinus infection	*infección nasal*
(to) mix	*mezclar*
(to) exceed	*exceder, sobrepasar*
side effects	*efectos secundarios*
cough syrup	*jarabe para la tos*
decongestant	*descongestionante*
daily	a *diario, diariamente*
once	*una vez*
twice	*dos veces*

caution	*cuidado*
drowsiness	*somnolencia*
(to) fall asleep	*quedarse dormido(a)*
medication	*medicina, medicamento, medicación*
instructions	*instrucciones*

Elementos esenciales

**Esta sección destaca los elementos esenciales de esta lección.
Lea detenidamente lo que incluimos en ella.**

Frecuencia

once a day = one time per day	*una vez al día*
twice a day = two times per day	*dos veces al día*
three times a day = three times per day	*tres veces al día*
daily	*diariamente*
once a day = one time a day	*una vez al día*
twice a day = two times a day	*dos veces al día*

Medidas

pill = tablet or capsule	*pastilla, píldora, cápsula*
	comprimido
teaspoon = tsp.	*cucharada de té, cucharadita*
tablespoon = tbsp.	*cucharada sopera*
bottle	*botella*

Aprenda y practique

Le recomendamos que aprenda las expresiones y oraciones que se incluyen en esta lección. Practique lo aprendido cada día.

1 tab. 3 X day = Take one tablet three times a day.
Tome un comprimido tres veces al día.

1 tbsp. in AM = Take one tablespoon in the morning.
Tome una cucharada sopera por la mañana.

May cause drowsiness.
Puede causar somnolencia.

Take with lots of water.
Tómese con mucha agua.

(to) take the bull by the horns

Significa "tomar el toro por los cuernos". Se emplea cuando queremos expresar que no debemos doblegarnos ante los obstáculos o situaciones difíciles.

Nothing was happening with the project until Alejandro took over. He took the bull by the horns and finished it in one week.

No se hizo progreso alguno con el proyecto hasta que Alejandro se hizo cargo. Tomó el toro por los cuernos y lo terminó en una semana.

Apuntes

Medicinas bajo receta médica y medicinas de venta libre

Las medicinas bajo receta médica o **prescription drugs** no se pueden comprar sin receta médica. El médico escribe las instrucciones referentes a la cantidad de medicina que está recetando al paciente en una hoja de papel o llama a la farmacia. Él también da instrucciones que especifican cuándo y cómo se debe tomar la medicina.

La palabra **prescription** puede referirse a la hoja de papel, al pedido de la medicina por parte del doctor o a la medicina.

The doctor gave me a prescription this morning.
El doctor me dio una receta esta mañana.

The doctor called in my prescription.
El doctor llamó a la farmacia para dar mi receta.

I picked up my prescription on the way home.
Pasé a buscar mi medicina de camino a casa.

La receta se lleva generalmente a la farmacia. El farmacéutico prepara la medicina siguiendo las instrucciones de la receta. El farmacéutico debe seguir las instrucciones referentes a la dosis o cantidad de medicina y deberá informar al paciente de los efectos secundarios que pueda causar dicha medicina.

Muchas medicinas tienen versiones "genéricas" que son más baratas que las medicinas de marca. El farmacéutico suele preguntar al paciente si prefiere la medicina genérica o la de marca. Ciertas compañías de seguros reembolsan una cantidad menor por las medicinas de marca.

En una farmacia, usted puede comprar medicinas bajo receta médica o medicinas de venta libre. Los farmacéuticos pueden recomendarle una medicina de venta libre para tratar determinados síntomas tales como la tos o la congestión. Algunas medicinas comunes de venta libre son: aspirina, jarabe para la tos y algunos descongestionantes suaves.

Las etiquetas de las medicinas bajo receta médica

Cada medicina bajo receta médica viene con una etiqueta. La etiqueta contiene información muy importante: el nombre del doctor y del paciente, el nombre de la medicina y la dosis recetada. También indica la cantidad de veces que se puede renovar e incluye una serie de advertencias que el paciente debe saber. Veamos algunas de las advertencias más frecuentes.

> May cause drowsiness.
> *Puede causar somnolencia.*

Take on a full stomach.
Tómese con el estómago lleno.

Take with lots of water.
Tómese con mucha agua.

Do not take with milk or milk products.
No se (la) tome con leche o productos lácteos.

Avoid alcohol while taking this medication.
Evite el consumo de alcohol mientras tome esta medicina.

Es importante hablar de estas advertencias con el farmacéutico cuando vaya a buscar un medicamento.

Las etiquetas de las medicinas bajo receta médica tienen una o más abreviaturas. Esto permite que toda la información necesaria quepa en un área muy pequeña. Algunas de las abreviaturas comunes son:

Rx	prescription	*bajo receta médica*
tsp.	teaspoon	*cucharada de té, cucharadita*
tbsp.	tablespoon	*cucharada sopera*
tab.	tablet	*tableta*
cap.	capsule	*cápsula*
X	times, as in 3 X day (3 times a day)	
	veces, 3 veces al día	

Todas las medicinas bajo receta médica deben tomarse exactamente tal y como se indica en la etiqueta. La mayoría de las medicinas bajo receta médica muestran la dosis diaria . Hay varias palabras que significan cada día: **daily**, **each day**, **per day** y **a day** son algunas de ellas.

Una vez, dos veces

Once y **twice** significan lo mismo que **one time** y **two times**. **Once** y **twice** se usan con más frecuencia que **one time** y **two times**.

> He read the sentence once.
> *Él leyó la oración una vez.*

> He read the sentence one time.
> *Él leyó la oración una vez.*

> They were late twice last week.
> *Ellos llegaron tarde dos veces la semana pasada.*

> They were late two times last week.
> *Ellos llegaron tarde dos veces la semana pasada.*

Con todos los números excepto uno y dos, use la palabra **times**.

> I saw the movie once. My sister saw it four times!
> *Yo vi la película una vez. ¡Mi hermana la vio cuatro veces!*

> They were late three times last week.
> *Ellos llegaron tarde tres veces la semana pasada.*

Efectos secundarios

Algunos medicamentos tienen advertencias en la etiqueta; otros incluyen una lista de posibles efectos secundarios en la envoltura. Los efectos secundarios son generalmente cosas que pueden ocurrir al tomar una medicina determinada. Debe leer la lista de efectos secundarios para saber a qué atenerse. La mayoría de los efectos secundarios no son peligrosos, sólo fastidiosos. Sin embargo, ciertos efectos secundarios son peligrosos y debe llamar al médico si padece alguno de ellos.

"Medicine" y "drugs"

La palabra **medicine** tiene una variedad de significados.

He studied medicine in college. (medicine = science)
Él estudió medicina en la universidad. *(medicina ciencia)*

Take your medicine. (medicine = drug)
Tome su medicina. *(medicina droga)*

La palabra **drugs** tiene un significado negativo cuando se refiere a sustancias ilegales. No obstante, **drugs** se usa con frecuencia para referirse a medicamentos legales sin riesgos.

Is that a prescription drug?
¿Es ésa una medicina bajo receta médica?

Is that a prescription medicine?
¿Es ésa una medicina bajo receta médica?

Todas las medicinas bajo receta médica o de venta libre, pueden llamarse **medications**. Para la mayoría de la gente, las palabras **drugs**, **medicine** y **medication** significan lo mismo.

Cuando visite una tienda de alimentos saludables, pídale a un empleado de la tienda que le aconseje qué comidas o vitaminas son buenas para alguna condición o enfermedad que usted tenga. Asegúrese de que entendió los efectos de las vitaminas, de lo contrario pida que se lo expliquen en inglés nuevamente.

Opuestos

El opuesto de **full** (lleno) es **empty** (vacío). El opuesto de **possible** (posible) es **impossible** (imposible).

> The front of the bus is full. It's impossible to get a seat.
> *La parte delantera del autobús está llena. Es imposible conseguir asiento.*

> The back of the bus is empty. It's possible to get a seat.
> *La parte trasera del autobús está vacía. Es posible conseguir asiento.*

Recommended (recomendado) no tiene una palabra de significado opuesto. Para formar el opuesto use **not**.

> Do you recommend that movie?
> *¿Recomienda usted esa película?*

> No, I don't recommend it. It was boring.
> *No, no la recomiendo. Era aburrida.*

Éste es el texto completo del diálogo incluido en el video. Usted hará el papel del espectador **(viewer)**. Si le hacen una pregunta personal, conteste usando información personal. Tenga en cuenta que las respuestas del espectador que le proporcionamos no son las únicas respuestas correctas.

La receta médica

Dan	Oh, I don't feel well. *Oh, no me siento bien.*
Kathy	What's that? *¿Qué es eso?*
Dan	I picked up a prescription. Let me see… The instructions say that I should take one tablet three times a day. *Fui a buscar una medicina. Déjame ver…* *Las instrucciones dicen que debo tomar una tableta* *tres veces al día.*
Kathy	That's right. *Es cierto.*
Dan	Should I take the tablets before or after I eat? *¿Debo tomar las tabletas antes o después de comer?*
Viewer *(Usted)*	Take the tablets after you eat. *Tome las tabletas después de comer.*
Kathy	See, it says, "Take on a full stomach." *Ves, dice, "Tómese con el estómago lleno".*

Dan	Is there anything else?
	¿Dice algo más?
Viewer	This medication may cause drowsiness.
(Usted)	*Este medicamento puede causar somnolencia.*
Dan	I also have a cough.
	Do we have any over-the-counter medicine
	I can take?
	También tengo tos.
	¿Tenemos alguna medicina de venta libre
	que pueda tomar?
Kathy	I think so, Dad. We have some cough syrup in
	the bathroom.
	Creo que sí, papá. Tenemos jarabe para la tos
	en el baño.
Dan	Let's go home.
	Vamos a casa.
Kathy	Sure, Dad. You should get some rest.
	Claro, papá. Debes descansar.
Dan	I think I will.
	Creo que así lo haré.

Lección

V

With over 350 years of history, Boston is known for its contribution to the American Revolution, charming residences, and centers of learning. In fact, Boston symbolizes early American history.

Massachusetts was settled in 1620. It was home to the Pilgrims, who celebrated the first Thanksgiving there. Massachusetts was one of the original thirteen colonies and the site of many important events in the Revolutionary War. Boston is the heart of Massachusetts.

The narrow 18th Century cobblestone streets of some sections of Boston are a contrast to the modern high-rise buildings. With a student population of around 250,000, Boston's elite universities play host to young people from every state in the US, in addition to many foreign countries.

Boston is also called "America's European city." To experience this European atmosphere, start with the area of Boston known as Beacon Hill. Stroll across Boston Common, a park in the very heart of Boston. Bounded by Tremont, Charles, Boylston, and Beacon Streets, the Common is a place to go people watching, while enjoying outdoor musicians and the refreshments of pushcart vendors. Within the Common is the Public Garden. This is a perfect place to sit on the grass and enjoy the reflecting waters of the Lagoon.

Northeast of the Lagoon, just past the Frog Pond is the Visitor Information Center. Using the Center as a starting point, tourists follow a red line, the Freedom Trail, that winds for three miles through Boston and takes them to 16 Colonial and Revolutionary sites.

Con más de 350 años de historia a sus espaldas, la ciudad de Boston es famosa por su participación en la Guerra de Independencia Americana, por el encanto de sus edificios y por sus centros de enseñanza. De hecho, Boston es un símbolo de la primera etapa de la historia americana.

El estado de Massachusetts se colonizó en 1620. Fue el hogar de los primeros colonos y fue donde éstos celebraron por primera vez el Día de Acción de Gracias. Massachusetts fue una de las trece primeras colonias y el lugar donde se desarrollaron muchos acontecimientos importantes de la Guerra de Independencia. Boston es el corazón de Massachusetts.

En ciertas áreas de Boston, las callejuelas pavimentadas de adoquines que datan del siglo dieciocho contrastan con los modernos rascacielos. Con una población de más de doscientos cincuenta mil estudiantes, la flor y nata de las universidades de Boston hospeda a jóvenes de todos los estados y de numerosos países extranjeros.

A Boston también se la llama "la ciudad europea de los Estados Unidos". Si desea ser partícipe del ambiente europeo, empiece recorriendo la zona de Boston llamada Beacon Hill. Dé un paseo por el parque Boston Common, situado en el centro de la ciudad. Rodeado por las calles Tremont, Charles, Boylston y Beacon, el parque Common es un lugar donde se ve pasar a gente, mientras se disfruta de la música al aire libre y de los refrescos de los vendedores ambulantes. En el recinto del parque Common se encuentra el Public Garden, el lugar ideal para sentarse en la hierba y contemplar el agua cristalina del lago.

Al noroeste del lago, pasando el Frog Pond, encontrará el centro de información turística. Los turistas usan el centro como punto de partida y siguen una línea roja llamada "el sendero de la libertad", que serpentea a lo largo de tres millas por la ciudad de Boston y les lleva a dieciséis lugares que datan de la Época Colonial y Revolucionaria.

67

These sites include the Old North Church—
where Paul Revere began his midnight ride, the
Old South Meeting House—where the Boston
Tea Party plans were made, and Bunker Hill—
the site of an important battle with the British.

Just to the north of Boston Common is the
Charles Street Meeting House. Listed on the
National Register of Historic Places, it is known
for its distinct but simple architecture. Originally a church, the Charles Street
Meeting House has seen many political, literary, and social gatherings since its
completion in 1807.

Across the street from the Meeting House is The Church of the Advent. This
Episcopal church was completed in 1888 in a Gothic Revival style. Its interior is
very elegant, its small garden is lovely, and its bells are renowned for their sweet
sound.

The other well-known church in the area is the Park Street Church, built in 1809.
On July 4, 1831 the anthem "America" was first sung here.

To the north of the Beacon Hill area is Government Center, the center of local government and political activity. This is a neighborhood characterized by office buildings and streets filled with pedestrians and automobiles. Boston City Hall and City
Hall Plaza are the hubs of the area, and the location of summertime concerts and
public celebrations.

Just behind City Hall is Faneuil Hall. In 1740 the merchant Peter Faneuil
offered to build a marketplace for the city. The people of Boston agreed, and
Faneuil Hall was built in 1742.

Lugares tales como Old North Church donde Paul Revere inició su cabalgata a medianoche, Old South Meeting House, donde se planeó el episodio del motín del té y Bunker Hill, lugar de una importante batalla contra los británicos.

Charles Street Meeting House está justo al norte de Boston Common. Este edificio está catalogado como monumento histórico y es célebre por su arquitectura inconfundible pero sencilla. Aunque fue una iglesia en un principio, ha sido testigo de numerosas reuniones políticas, literarias y sociales desde que finalizara su construcción en 1807.

La iglesia "The Church of the Advent" está enfrente de Charles Street Meeting House. Esta iglesia episcopal de estilo gótico se construyó en 1888. Su interior es muy elegante, su pequeño jardín es encantador y sus campanas son famosas por su suave tintineo.

Construida en 1809, Park Street Church es la otra iglesia de renombre de la zona. El himno "América", se cantó por primera vez aquí el 4 de julio de 1831.

El "Government Center", la sede del gobierno local y el centro de la actividad política, está situado al norte de Beacon Hill. En este barrio, se ven edificios de oficinas y calles llenas de peatones y automóviles. El Ayuntamiento de Boston y el edificio City Hall Plaza son los lugares más prominentes de la zona; allí es donde se celebran los conciertos de verano y acontecimientos públicos.

Faneuil Hall está detrás del edificio del ayuntamiento. En 1740, el mercante Peter Faneuil se ofreció a construir un mercado para la ciudad. El pueblo de Boston aceptó y Faneuil Hall se construyó en 1742.

During the American Revolutionary War, the Hall was used by many famous American patriots, including Samuel Adams, to proclaim America's freedom from Britain. Thus, Faneuil Hall is often called the "Cradle of Liberty."

The Old West Church was built with a wood frame in 1737. It was burned by the British in 1775 and rebuilt with red brick. Concerts, featuring the famous pipe organ, are offered to the public.

This is the Harrison Gray Otis House at 141 Cambridge Street. Built in 1796, the house is considered very representative of homes in the 18th Century.

The northern point of the city of Boston offers a view of the Charles River and the many wharves that serve the city. Known as the North End, this is the most densely populated section of the city. The North End is noted for its bustling streets, and as a place where one can hear English and Italian being spoken on the street.

Hanover Street is the widest and, perhaps, the straightest street in the North End. This street has the area's largest concentration of restaurants, cafes, and bakeries.

Paul Revere's House is in the North End. He lived here from 1770 to 1800. On the night of April 18, 1775, Paul Revere rode his horse through the countryside warning people that the British troops were on the move.

Durante la Guerra de Independencia Americana, numerosos patriotas americanos de renombre, tales como Samuel Adams, ocuparon Faneuil Hall para proclamar la liberación de los Estados Unidos de Gran Bretaña. Por lo tanto, se suele llamar a Faneuil Hall "la cuna de la libertad".

En 1737, la iglesia Old West se construyó usando una estructura de madera. Los británicos la quemaron en 1775 y se reedificó con ladrillos rojos. Allí se organizan conciertos cuyo protagonista es el célebre órgano de tubos.

Ésta es la casa Harrison Gray Otis, situada en el 141 de la calle Cambridge. Se construyó en 1796 y es un ejemplar típico de la arquitectura local del siglo dieciocho.

Desde la zona norte de la ciudad de Boston, se puede ver el río Charles y los numerosos muelles que tiene la ciudad. Ésta es el área más densamente poblada de la ciudad y se llama North End. El barrio de North End es conocido por sus calles animadas y por ser el lugar donde se oye hablar inglés e italiano.

La calle Hanover es la calle más ancha y quizá la más recta de North End. Esta calle cuenta con la mayor concentración de restaurantes, cafés y panaderías.

La casa de Paul Revere está en North End. Él residió allí de 1770 a 1800. La noche del 18 de abril de 1775, Paul Revere recorrió el campo a caballo para avisar a la gente del avance de las tropas británicas.

The Washington Memorial Garden is also in the North End. The garden has beautiful rose gardens and is known for its historic importance to the city since Colonial times. This 18th Century garden, that rests in a 21st Century urban setting, shows a contrast typical of the atmosphere in Boston.

Boston has long been one of America's busiest ports. Along with exhibits on maritime history, the Central Wharf boasts the New England Aquarium. There are more than 18,000 fish, birds and mammals on exhibit.

Near the Aquarium is the Waterfront Park. The park offers visitors a view of the harbor and wharves, and a place to walk dogs or get some afternoon sun.

No visit to Boston would be complete without a visit to Cambridge. Just across the Charles River, Cambridge is Boston's intellectual neighborhood. Harvard University, America's leading school of higher education, and the prestigious Massachusetts Institute of Technology (MIT) are its chief residents.

Founded in 1632, Harvard College is a famous "Ivy League" school that has seen many of its graduates enter and excel in such areas as politics, business, and the arts. A walk through Harvard Square is a fine way to gain a feel for the pulse of Harvard University.

Washington Memorial Garden también está situado en North End. El jardín tiene rosales hermosos y es famoso por su importancia histórica desde la época colonial. Este jardín del siglo dieciocho está situado en un entorno urbano del siglo veintiuno, creando un contraste típico del ambiente de Boston.

Boston ha sido uno de los puertos más activos de los Estados Unidos durante mucho tiempo. Además de las exposiciones sobre historia marítima, el Central Wharf se enorgullece de contar con el Acuario de Nueva Inglaterra. Hay más de dieciocho mil peces, aves y mamíferos en exhibición.

El parque Waterfront está cerca del acuario. El parque ofrece a sus visitantes la vista del puerto y los muelles, y un lugar donde se pueden pasear perros o tomar el sol por la tarde.

La visita a Boston no estaría completa sin un paseo por Cambridge. Situada al otro lado del río Charles, Cambridge es la zona intelectual de Boston. La Universidad de Harvard, el centro universitario más importante de los Estados Unidos, y el Instituto Tecnológico de Massachusetts son sus residentes estrella.

Fundado en 1632, el Harvard College, una célebre universidad perteneciente a la llamada "Ivy league", ha visto a un gran número de sus estudiantes entrar y destacar en el mundo de la política, los negocios y las artes. Un paseo por Harvard Square es una buena manera de sentir la dinámica de la universidad de Harvard.

Founded in 1861, MIT has dedicated itself to study and research based on scientific principles. Its motto is "Mens et Manus", that is, " Mind and Hand." MIT has played a major role in scientific research for more than a century.

Boston is alive with activity all year round. It is a city that cannot forget its impressive and historic past, but it is also the modern focal point of hardworking people and dedicated students.

Fundado en 1861, el Instituto Tecnológico de Massachusetts (Massachusetts Institute of Technology) se ha consagrado al estudio e investigación de princi-pios científicos. Su lema es "Mens et Manus"; significa "mente y mano". El Instituto Tecnológico de Massachusetts ha desempeñado un papel importante en el mundo de la investigación científica desde hace más de un siglo.

Boston es una ciudad dinámica y activa durante todo el año. Es una ciudad que no puede olvidar su impresionante pasado histórico, pero también es un punto moderno de encuentro tanto para gente trabajadora como para estudiantes serios.

(to) have a green thumb

La traducción literal es "tener un dedo pulgar verde" y significa tener buena mano para sembrar.

> — There are so many beautiful flowers in Norma's garden!
> — Yes, Norma has a green thumb.

> — *¡Hay tantas flores hermosas en el jardín de Norma!*
> — *Sí, Norma tiene muy buena mano para las plantas.*

Lección

C

Notas

Scarborough Fair

La música y letra de las canciones se encuentran en los videos. Localice en su video la sección titulada "Aprendamos cantando".

Scarborough Fair es una antigua canción medieval inglesa, cantada en las ferias de primavera y otoño. Estas ferias eran tanto festejos para celebrar la cosecha como oportunidades para el canje de víveres, hilos, pieles y hasta para arreglar matrimonios. En esa época, los juglares o cantantes medievales resaltaban en sus cánticos las cualidades deseadas en una pareja. Los hombres debían ser buenos granjeros, cazadores, orfebres, etc. Las mujeres, buenas granjeras, cocineras y costureras.

En esta canción, el hombre sueña con la camisa de cambray (una tela delgada de lino o algodón, originaria de Cambray, en Francia) que su amada le está cosiendo. Ella, por otro lado, le contesta que sólo se la dará cuando él haya terminado sus labores.

Scarborough Fair debe su popularidad actual al famoso dúo **Simon and Garfunkel**, quienes la actualizaron en los años setenta, y con gran éxito.

Al estudiar esta canción, fíjese en la frase **you've done**, "hayas terminado". Aquí tiene la contracción **you've = you have** y el uso de **have** como verbo auxiliar de **done** (del verbo to do: hacer).

Fíjese también en el uso de **will you** cuando se está pidiendo algo, equivalente a "podría usted" o "podrías tú" en español. Ésta es una forma muy cortés de dirigirse a alguien.

¡Disfrute de Scarborough Fair!

Scarborough Fair

Are you going to Scarborough Fair?
Parsley, sage, rosemary and thyme
Remember me to one who
lives there
For once she was a true
love of mine

Tell her to make me a
cambric shirt
Parsley, sage, rosemary and thyme
Without no seam or fine
needlework
For once she was
a true love of mine

Will you find me an acre
of land?
Parsley, sage, rosemary and thyme
Between the sea foam and
the sea sand
For once she was
a true love of mine

When you've done and finished
your work
Parsley, sage, rosemary and thyme
Then come to me for your
cambric shirt
And you shall be a true love
of mine.

La feria de Scarborough

¿Vas a ir a la feria de Scarborough?
Perejil, salvia, romero y tomillo
Recuérdame a una que
vive allí
Porque una vez ella fue
mi verdadero amor

Dile que me haga una camisa de
cambray
Perejil, salvia, romero y tomillo
Sin costuras o fino
bordado
Porque una vez ella fue
Mi verdadero amor

Podrías encontrarme un acre
de tierra
Perejil, salvia, romero y tomillo
Entre la espuma marina y
la arena del mar
Porque una vez ella fue
Mi verdadero amor

Cuando hayas hecho y terminado
tu trabajo
Perejil, salvia, romero y tomillo
Entonces ven a mí por tu camisa
de cambray
Y serás mi verdadero
amor.

Lección

C

Actividad 1

I have a headache.
I have a runny nose.
I have a sore throat.
I have an earache.
I twisted my neck.
My shoulder hurts.
My arm is sore.
I have a pain in my elbow.
I fractured my wrist.
I broke my leg.
I scraped my knee.
I twisted my ankle.
I have a stomachache.
My back is stiff.
My arm is numb.

Actividad 2

What's the matter?
What's the problem?
What's wrong?
What's bothering you?
What's the trouble?
What's troubling you?
What seems to be the problem?
What seems to be the trouble?

Actividad 3

Woman: What's the problem?
Man: My back.
I have a backache.
My back hurts.
I have a pain in my back.

Man: What's bothering you?
Woman: My ear.
I have an earache.
My ear hurts.
I have a pain in my ear.

Actividad 1

Tengo dolor de cabeza.
Me moquea la nariz.
Tengo dolor de garganta.
Tengo dolor de oído.
Me torcí el cuello.
Me duele el hombro.
Me duele el brazo.
Me duele el codo.
Me fracturé la muñeca.
Me rompí la pierna.
Me raspé la rodilla.
Me torcí el tobillo.
Tengo dolor de estómago.
Tengo la espalda rígida.
Tengo el brazo entumecido.

Actividad 2

¿Qué sucede?
¿Cuál es el problema?
¿Qué pasa?
¿Qué le molesta?
¿Cuál es el problema?
¿Qué le molesta?
¿Cuál es el problema?
¿Qué pasa?

Actividad 3

Mujer: *¿Cuál es el problema?*
Hombre: *Mi espalda.*
Tengo dolor de espalda.
Me duele la espalda.
Me duele la espalda.

Hombre: *¿Qué le molesta?*
Mujer: *Mi oído.*
Tengo dolor de oído.
Me duele el oído.
Me duele el oído.

Woman: What's the trouble?
Man: My stomach.
         I have a stomachache.
         My stomach hurts.
         I have a pain in my stomach.

Man: What's wrong?
Woman: My head.
         I have a headache.
         My head hurts.
         I have a pain in my head.

Woman: What seems to be the trouble?
Man: My throat.
         I have a sore throat.
         My throat is sore.
         My throat hurts.

Actividad 4

1. Take one pill two times a day.
   Take one pill twice a day.
2. Take two capsules one time every day.
   Take two capsules once a day.
3. Take one tablet three times a day.
   Take one tablet three times per day.
4. Take one teaspoon once per day.
   Take one teaspoon once a day.
5. Take one tablespoon three times per day.
   Take one tablespoon three times a day.

Actividad 5

Diálogo 1   (ver página 16)
Bill: Does your foot hurt?

. . . .

Does your leg hurt?
Does your arm hurt?
Does your stomach hurt?
Does your throat hurt?
Does your shoulder hurt?

Mujer: ¿Qué le molesta?
Hombre: Mi estómago.
          Tengo dolor de estómago.
          Me duele el estómago.
          Me duele el estómago.

Hombre: ¿Qué tiene?
Mujer: Mi cabeza.
         Tengo dolor de cabeza.
         Me duele la cabeza
         Me duele la cabeza.

Mujer: ¿Cuál es el problema?
Hombre: Mi garganta.
          Tengo un dolor de garganta.
          Me duele la garganta.
          Me duele la garganta.

Actividad 4

1. Tome una pastilla dos veces al día.
   Tome una pastilla dos veces al día.
2. Tome dos cápsulas una vez al día.
   Tome dos cápsulas una vez al día.
3. Tome un comprimido tres veces al día.
   Tome un comprimido tres veces al día.
4. Tome una cucharadita una vez al día.
   Tome una cucharadita una vez al día.
5. Tome una cucharada tres veces al día.
   Tome una cucharada tres veces al día.

Actividad 5

Diálogo 1
Bill: ¿Te duele el pie?

. . . .

¿Te duele la pierna?
¿Te duele el brazo?
¿Te duele el estómago?
¿Te duele la garganta?
¿Te duele el hombro?

84

Does Tom's knee hurt?
Yes, it does.

Diálogo 2   (ver página 31)
Ann: Do you have a fever?

. . . .

Do you have a headache?
Do you have a runny nose?
Do you have a sprained ankle?
Do you have a pain in your shoulder?
Do you have a chest pain?
Do you have a stiff neck?

. . . .

Does Ann have a sore throat?
No, she doesn't.

Diálogo 3   (ver página 37)
Leslie: I can't sleep at night.

. . . .

I can't walk.
I can't lift my arm.
I can't breathe easily.
I can't see clearly.
I can't turn my head to the left.

. . . .

Can Leslie see the doctor at one o'clock?
No, she can't.

Diálogo 4   (ver página 65)
Kathy: You should get some rest.

. . . .

You should take some aspirin.
You should take your temperature.
You should see a doctor.
You should get more exercise.
You should stay in bed.
You should drink plenty of fluids.

. . . .

Should Dan take the tablets before or
after he eats?
He should take them after he eats.

¿Le duele la rodilla a Tom?
Sí.

Diálogo 2
Ann: ¿Tienes fiebre?

. . . .

¿Tienes dolor de cabeza?
¿Tienes mocos?
¿Te has torcido el tobillo?
¿Te duele el hombro?
¿Te duele el pecho?
¿Tienes el cuello rígido?

. . . .

¿A Ann le duele la garganta?
No.

Diálogo 3
Leslie: No puedo dormir de noche.

. . . .

No puedo caminar.
No puedo levantar el brazo.
No puedo respirar con facilidad.
No puedo ver con claridad.
No puedo girar la cabeza a la izquierda.

. . . .

¿Puede Leslie ver al médico a la una?
No.

Diálogo 4
Kathy: Deberías descansar.

. . . .

Deberías tomar aspirina.
Deberías tomarte la temperatura.
Deberías ver a un médico.
Deberías hacer más ejercicio.
Deberías quedarte en la cama.
Deberías beber mucho líquido.

. . . .

¿Debe Dan tomarse las pastillas antes o después
de comer?
Debe tomárselas después de comer.

85

Actividad 6

Man: How long have you had a sore throat?
Woman: I've had a sore throat for three days.
        I've had a sore throat since three days
        ago.

Man: How long have you had a fever?
Woman: I've had a fever since three hours ago.
        I've had a fever for three hours.

Man: How long have you had this pain?
Woman: I've had this pain for a week.
        I've had this pain since a week ago.

Man: How long have you been congested?
Woman: I've been congested since two days ago.
        I've been congested for two days.

Man: How long have you been in bed?
Woman: I've been in bed for eight hours.
        I've been in bed since eight hours ago.

Man: How long have you been sick?
Woman: I've been sick since a week ago.
        I've been sick for a week.

Actividad 7

1. I'm tired now.
   You should go to sleep.
2. I'm very sick.
   You should see a doctor.
3. I have a headache.
   You should take an aspirin.
4. I'm working too hard.
   You should take a vacation.
5. I have a backache.
   You should get a massage.

Actividad 6

Hombre: *¿Hace cuánto tiempo que tiene dolor de garganta?*
Mujer: *Llevo tres días con dolor de garganta.*
         Tengo dolor de garganta desde hace
         tres días.

Hombre: *¿Hace cuánto tiempo que tiene fiebre?*
Mujer: *Tengo fiebre desde hace tres horas.*
         Llevo tres horas con fiebre.

Hombre: *¿Hace cuánto tiempo que tiene este dolor?*
Mujer: *Llevo una semana con este dolor.*
         Tengo este dolor desde hace una semana.

Hombre: *¿Hace cuánto tiempo que está congestionada?*
Mujer: *Estoy congestionada desde hace dos*
         días. Llevo dos días congestionada.

Hombre: *¿Hace cuánto tiempo que está en la cama?*
Mujer: *Llevo ocho horas en la cama. Estoy en*
         la cama desde hace ocho horas.

Hombre: *¿Hace cuánto tiempo que está enferma?*
Mujer: *Estoy enferma desde hace una semana.*
         Llevo una semana enferma.

Actividad 7

1. *Estoy cansado ahora.*
   Debería dormir.
2. *Estoy muy enfermo.*
   Debería ver a un doctor.
3. *Tengo dolor de cabeza.*
   Debería tomar una aspirina.
4. *Estoy trabajando demasiado.*
   Debería tomarse unas vacaciones.
5. *Tengo dolor de espalda.*
   Debería darse un masaje.

6. I think I have a fever.
   You should take your temperature.
7. I don't have any more medicine.
   You should get a new prescription.
8. My legs hurt.
   You should sit down.
9. I need to see the doctor.
   You should make an appointment.
10. I have a toothache.
    You should go to the dentist.

Actividad 8
1. You should go to a different doctor.
2. You shouldn't go to a different doctor.
3. She shouldn't take the bus to the hospital.
4. She should take the bus to the hospital.
5. The nurses should stay in the room.
6. The nurses shouldn't stay in the room.
7. You shouldn't fill the prescription.
8. You should fill the prescription.
9. He shouldn't know everything that the doctor knows about his illness.
10. He should know everything that the doctor knows about his illness.

Actividad 9
Woman: You should sleep for eight hours.
Man: You ought to sleep for eight hours.
Woman: Take my advice and sleep for eight hours.
Man: I suggest that you sleep for eight hours.
Woman: I recommend that you sleep for eight hours.
Man: You might want to sleep for eight hours.

6. *Creo que tengo fiebre.*
   Debería tomarse la temperatura.
7. *Ya no tengo más medicina.*
   Debería conseguir una nueva receta.
8. *Me duelen las piernas.*
   Debería sentarse.
9. *Necesito ver al doctor.*
   Debería concertar una cita.
10. *Tengo dolor de muelas.*
    Debería ir al dentista.

Actividad 8
1. *Debería ir a un doctor distinto.*
2. *No debería ir a un doctor distinto.*
3. *No debería ir en autobús al hospital.*
4. *Debería ir en autobús al hospital.*
5. *Las enfermeras deberían quedarse en la habitación.*
6. *Las enfermeras no deberían quedarse en la habitación.*
7. *No debería llenar la receta.*
8. *Debería llenar la receta.*
9. *No debería saber todo lo que el doctor sabe acerca de su enfermedad.*
10. *Debería saber todo lo que el doctor sabe acerca de su enfermedad.*

Actividad 9
Mujer: *Debería dormir ocho horas.*
Hombre: *Debería dormir ocho horas.*
Mujer: *Siga mi consejo y duerma ocho horas.*
Hombre: *Le sugiero que duerma ocho horas.*
Mujer: *Le recomiendo que duerma ocho horas.*
Hombre: *Le convendría dormir ocho horas.*

87

Woman: You should eat healthier food.
Man: You ought to eat healthier food.
Woman: Take my advice and eat healthier food.
Man: I suggest that you eat healthier food.
Woman: I recommend that you eat healthier food.
Man: You might want to eat healthier food.

Woman: You should get more exercise.
Man: You ought to get more exercise.
Woman: Take my advice and get more exercise.
Man: I suggest that you get more exercise.
Woman: I recommend that you get more exercise.
Man: You might want to get more exercise.

Actividad 10   (ver página 82)

Woman: a true love of mine
Man: one of my true loves

Woman: a friend of mine
Man: one of my friends

Woman: a teacher of mine
Man: one of my teachers

Woman: a problem of mine
Man: one of my problems

Woman: a cousin of mine
Man: one of my cousins

Woman: a favorite song of mine
Man: one of my favorite songs

Mujer: Debería comer alimentos más saludables.
Hombre: Debería comer alimentos más saludables.
Mujer: Siga mi consejo y coma alimentos más saludables.
Hombre: Le sugiero que coma alimentos más saludables.
Mujer: Le recomiendo que coma alimentos más saludables.
Hombre: Le convendría comer alimentos más saludables.

Mujer: Debería hacer más ejercicio.
Hombre: Debería hacer más ejercicio.
Mujer: Siga mi consejo y haga más ejercicio.
Hombre: Le sugiero que haga más ejercicio.
Mujer: Le recomiendo que haga más ejercicio.
Hombre: Le convendría hacer más ejercicio.

Actividad 10

Mujer: uno de mis verdaderos amores
Hombre: uno de mis verdaderos amores

Mujer: uno de mis amingos
Hombre: uno de mis amigos

Mujer: uno de mis maestros
Hombre: uno de mis maestros

Mujer: uno de mis problemas
Hombre: uno de mis problemas

Mujer: uno de mis primos
Hombre: uno de mis primos

Mujer: una de mis canciones favoritas
Hombre: una de mis canciones favoritas

Actividad 11

Is rosemary good for a headache?
Yes, it is.

Is rosemary good for a sore throat?
No, it isn't.

What is parsley good for?
It's good for an upset stomach and insect bites.

Which herb is good for dandruff?
Rosemary is good for dandruff.

Which herb is good for bronchitis?
Thyme is good for bronchitis.

Is parsley good for congestion?
No, it isn't.

Is rosemary good for congestion?
Yes, it is.

Which herbs are good for an upset stomach?
Parsley, sage, rosemary, and thyme are good for an upset stomach.

Actividad 11

¿Es bueno el romero para el dolor de cabeza?
Sí.

¿Es bueno el romero para el dolor de garganta?
No.

¿Para qué es bueno el perejil?
Es bueno para el dolor de estómago y las picaduras de insecto.

¿Qué hierba es buena para la caspa?
El romero es bueno para la caspa.

¿Qué hierba es buena para la bronquitis?
El tomillo es bueno para la bronquitis.

¿Es bueno el perejil para la congestión?
No.

¿Es bueno el romero para la congestión?
Sí.

¿Qué hierbas son buenas para el dolor de estómago?
El perejil, la salvia, el romero y el tomillo son buenos para el dolor de estómago.

Notas

Notas

Notas